AF339980

27
12
24786

NOTICE NÉCROLOGIQUE

SUR

M. PHILIBERT BOURDILLON

EN RELIGION

FRÈRE GILLES

MEMBRE DE L'INSTITUT DES FRÈRES DES ÉCOLES CHRÉTIENNES

Né à la Charité (Nièvre), le 30 avril 1814

DÉCÉDÉ A ROUEN, LE 24 OCTOBRE 1868

———— ·(X)· ————

Extrait de la Circulaire envoyée, le 31 décembre 1868, dans toutes les Maisons de sa Congrégation, par le **T.-H. F. PHILIPPE**, Supérieur général.

———— ·(X)· ————

Le 24 octobre, le très-cher frère GILLES était ravi à notre affection et à celle de notre communauté de Bellefond, à Rouen, qu'il dirigeait depuis dix-sept ans.

Né à la Charité (Nièvre), le 30 avril 1814, il fut, de bonne heure, confié par ses pieux parents aux soins de nos Frères de Nevers, et devint bientôt le modèle des enfants de son âge, par sa piété, la pureté de ses mœurs et la douceur de son caractère.

Après sa première communion, qu'il fit à l'âge

de onze ans, et à laquelle il apporta une prépa-
ration sérieuse et vraiment remarquable, il fré-
quenta le catéchisme de persévérance de M. l'abbé
Gaume, alors vicaire général de Nevers. Les
leçons qu'il reçut de cet habile théologien ne
contribuèrent pas peu à développer en notre pieux
jeune homme le goût de l'enseignement de la reli-
gion, enseignement auquel il devait, plus tard, se
livrer avec tant de zèle et de bonheur.

Des revers de fortune survenus dans sa famille
l'ayant obligé d'entrer en apprentissage, il ne dé-
mentit pas un instant les espérances qu'il avait
fait concevoir de sa vertu. Chaque dimanche, il
assistait aux offices de sa paroisse avec quelques
amis qu'il s'était choisis et qui tous, comme lui,
édifiaient par leur piété le pasteur et les fidèles.
On le voyait souvent, le dimanche soir, faire seul
le chemin de la croix avec une ferveur que trahis-
sait l'émotion de son visage ; et, chose remarquable pour un enfant de son âge, il n'employait
pas moins de deux heures à ce saint exercice.

Un goût si prononcé pour la piété devait développer en notre bon jeune homme le désir de se
donner à Dieu plus spécialement. En effet, le
Seigneur le voulait dans notre institut, et voici le
moyen dont il se servit pour l'y attirer. Ici nous
laisserons parler son frère (1).

---

(1) M. l'abbé Bourdillon, curé de Devay (Nièvre). C'est
de ce saint prêtre que nous tenons les détails de l'en-
fance du frère Gilles.

« De temps en temps, il venait en classe demander de mes nouvelles. Les entretiens et les rapports qu'il eut avec ses anciens maîtres renouvelèrent son attachement pour eux. Il fut frappé de leur dévouement, qui allait bien à son âme aimante ; la grâce agissant sur son cœur simple et droit, il se sentit attiré vers un institut qui opère tant de bien, et résolut d'y entrer. Il demanda donc le consentement de notre mère. Mais l'amour maternel ne put se résoudre à cette séparation, le consentement fut refusé. Trois fois il revint à la charge, trois fois il fut repoussé. Enfin, pressé par la grâce, il dit à sa mère cette parole dans laquelle on reconnaît déjà son âme énergique : « Ma mère, si vous ne me laissez suivre « ma vocation, vous ferez mon malheur. » Le consentement fut donné, et le saint jeune homme, au comble de ses vœux, courut faire part de son bonheur aux Frères de la communauté. Il y resta trois jours, après lesquels il partit pour le noviciat de Clermont. C'était le 25 juillet 1832. Il avait alors dix-huit ans. »

Dès son entrée au noviciat, le frère Gilles voulut être religieux dans toute l'acception du mot, et ses progrès dans la vertu furent tels, que, quelques mois après sa prise d'habit, le Frère visiteur de Clermont, écrivant au Frère directeur de Nevers, lui faisait le plus grand éloge du jeune novice.

Au sortir du noviciat, le frère Gilles fut envoyé

à Tulle, puis à Paris (communauté de Saint-Laurent.) On se rappelle encore avec bonheur, dans cette dernière maison, les vertus de ce saint religieux, sa grande régularité, son esprit de mortification, son zèle et son dévouement. Dans les différentes communautés où il séjourna depuis, à Orléans, à Nancy, à Caen, on le vit toujours instituteur dévoué, religieux vraiment exemplaire.

C'est en 1850 que le frère Gilles vint à Rouen comme sous-directeur de la communauté de Saint-Lô. L'année suivante, il fut chargé de la direction de cette même communauté. C'est là que s'est écoulée la plus laborieuse et la plus honorable période de sa trop courte carriere; c'est là que, jeune encore, il se vit tout à coup arrêté par une terrible épreuve, la cécité, qui le condamna à un repos qu'il n'avait jamais voulu s'accorder. Il n'en jouit pas longtemps. Une mort inattendue vint bientôt le ravir à l'affection de ses Frères et de ses nombreux amis. Vaillant soldat, habitué aux rudes labeurs d'un travail incessant, il semble que Dieu n'ait pas voulu laisser ce serviteur fidèle s'amoindrir peut-être dans le loisir d'une vie qu'il ne pourrait plus dépenser pour les autres.

Mais, avant de dire les épreuves de la dernière heure, rappelons en quelques mots ce que fut cet humble religieux.

Nous ne pouvons entrer dans le détail de toutes ses vertus; il nous suffira de détacher quelques-uns des traits les plus saillants de cette vie tout entière vouée au bien.

Comme homme et comme religieux, le frère Gilles possédait un ensemble de qualités qui le faisaient estimer et aimer, pour peu qu'on eût de rapports avec lui : aménité de caractère, bonté de cœur, se reflétant sur une physionomie heureuse ; abnégation de soi allant jusqu'au sacrifice ; dévouement pour les autres qui ne dit jamais : C'est assez. Ajoutez à cela une charité ardente qui se traduisait en actes souvent héroïques ; une piété tendre et affectueuse qui charmait et ravissait tous ceux qui le voyaient et l'entendaient ; une foi vive qui lui faisait voir Dieu en tout et partout, et qui lui avait inspiré, dès ses débuts dans la carrière religieuse, cette triple pensée, dont il a fait le but de toute sa vie : la gloire de Dieu, l'honneur de l'institut et un dévouement absolu.

Nous avons dit d'abord la gloire de Dieu : c'était sa préoccupation de tous les instants. « La gloire de Dieu, répétait-il souvent avec un accent pénétré, que peut-on vouloir ou désirer de mieux ?» Aussi quelle piété, quelle ferveur dans ses prières, ses oraisons, ses communions ! Son ton de voix, sa posture, les traits mêmes de son visage, tout en lui décelait une âme dévorée des divines ardeurs. Ses conférences aux Frères, ses exhortations aux jeunes gens et aux enfants, ses conversations particulières se ressentaient de la flamme divine qui le consumait intérieurement. Il semblait vraiment alors un séraphin descendu des célestes hauteurs pour raconter à la terre les choses du ciel. Une personne honorable qui avait eu occasion de l'entendre parler de Dieu disait avoir retiré plus de fruit réel de sa conversation qu'elle n'en eût recueilli peut-être d'une retraite de huit jours.

Lorsqu'il parlait de la sainte communion, les élans de son cœur communiquaient à sa parole une ardeur de conviction qui impressionnait vivement tous ses auditeurs.

C'était encore son zèle pour l'honneur et la gloire de Dieu qui lui faisait soigner avec tant de sollicitude la partie religieuse de l'enseignement. Il ne s'en rapportait qu'à lui-même sur l'article des prières et du catéchisme. Il causait parfois d'agréables et pieuses surprises à ses Frères, en leur faisant part des moyens aussi simples qu'ingénieux qu'il avait imaginés pour seconder l'action de la grâce sur le cœur des enfants, pour les tenir éloignés du mal et fortifier leur foi en éclairant leur piété. A cette fin, il faisait d'abondantes distributions de petits ouvrages pieux, de ceux principalement qui ont pour objet la dévotion au sacré Cœur de Jésus, à la très-sainte Vierge, à saint Joseph, aux âmes du purgatoire, etc.

Un homme qui avait tant à cœur la chose religieuse devait être un homme de règle. Le frère Gilles voulait, avant tout, le devoir pour lui et pour sa communauté. On l'a vu souvent, après un travail prolongé jusque bien avant dans la nuit, et suivi seulement d'un court sommeil, se lever comme ses confrères, à quatre heures et demie, et se trouver le premier à la prière, aussi appliqué que s'il se fût parfaitement reposé.

Si parfois un exercice venait à être omis, ou incomplétement fait, un point de règle négligé, il s'en attribuait la faute et s'en punissait rigoureusement, se regardant comme une sentinelle préposée au maintien de la régularité, et responsable, en conséquence, de tout ce qui pouvait y être une infraction.

Nous avons nommé en second lieu l'attachement à son institut comme une des pensées constantes de la vie du frère Gilles. Honorer et faire honorer sa congrégation, lui procurer des sujets, concourir à sa diffusion, le soutenir par une conduite toujours digne, c'était, lui semblait-il, une de ses premières obligations. Dès le moment qu'il eut revêtu le saint habit religieux, il se regarda comme l'enfant de l'institut, et obligé en cette qualité de soigner comme siens les intérêts de l'ordre qui l'avait admis dans son sein. De là le zèle qu'il déployait en parlant de la sublimité de notre vocation, des avantages spirituels qu'elle nous procure, et du bien que nous y pouvons faire. De là aussi la pratique constante et élevée de toutes les vertus propres à notre état. Nous en citerons une seule, la pauvreté.

« Bienheureux les pauvres, » a dit Jésus-Christ. Bienheureux sans doute à cause du royaume des cieux qui leur appartient, mais bienheureux aussi à cause de la liberté et de l'indépendance de cœur dans laquelle vit le pauvre d'esprit.

Il faut avoir vécu dans l'intimité du frère Gilles pour savoir jusqu'à quel point il chérissait et pratiquait la sainte pauvreté. Il choisissait toujours pour lui ce qu'il y avait de moindre ; la cellule la plus petite, la moins commode, la plus pauvrement meublée, était celle qu'il se réservait. Chacune des choses à son usage était d'une remarquable simplicité. Jamais il ne voulut qu'on lui rendît un service qu'il pouvait se rendre lui-même. Il se serait amèrement reproché un voyage non nécessaire, une dépense quelconque inutile. Ces détails, que nous pourrions multiplier, paraîtront peut-être minutieux à plusieurs ; mais ceux qui savent les violences qu'exige la pratique de la vertu, apprécieront à leur valeur cette série de petits sacrifices se représentant chaque jour, et chaque jour acceptés avec une ferveur nouvelle.

Enfin il nous reste à parler du dévouement de notre regretté défunt. C'était, si nous osons parler ainsi, sa passion. Il avait compris et s'était identifié cette parole du Maître : « Toute la loi est renfermée dans l'amour de Dieu et l'amour du prochain. » L'amour, c'est le dévouement. Aussi se donner, se dépenser, c'était chez lui un besoin. Se dépenser pour Dieu d'abord, par l'immolation de tout son être, par le désir passionné de la souffrance. « Si nous étions sans croix, répétait-il souvent, nous devrions instamment demander à Dieu de nous en envoyer. »

Il n'a été donné qu'à quelques intimes de

surprendre les ingénieuses inventions que lui suggérait la soif du sacrifice. Rechercher en tout ce qui était le plus antipathique à ses goûts, et ne rien s'accorder de ce qui peut contenter les sens, c'était, chez le frère Gilles, l'objet d'une attention spéciale et journalière. Il poussait bien plus loin encore l'esprit d'immolation. Si la prudence ne nous commandait certaines réserves, nous montrerions cet homme avide de souffrances, châtiant rudement son corps, à l'exemple du grand apôtre, et s'efforçant de retracer en lui l'image de Jésus-Christ crucifié.

Mais respectons le mystère dont il a su toujours entourer sa vie pénitente, et voyons ce que fut son dévouement pour le prochain. Le cœur du frère Gilles débordait de charité. Il éprouvait un bonheur inexprimable à rendre service aux autres. Frères, élèves, parents, étrangers même, tous étaient sûrs de le trouver toujours disposé à leur être utile dans la mesure du possible. Et pour cela rien ne lui coûtait : ni les dérangements continuels, ni les courses fatigantes, ni les démarches parfois désagréables. Il se trouvait bien dédommagé si, à force de soins, il avait pu ou tranquilliser une âme, ou consoler un chagrin, ou soulager une misère.

Il rencontrait parfois, dans l'exercice de sa charité, bien des amertumes qui causaient une peine extrême à son cœur sensible. Néanmoins il ne sut jamais rebuter personne. A tous il montrait un visage riant; pour tous il avait une parole amie.

Parlerons-nous des efforts de son zèle pour conserver aux classes des Frères leur bonne réputation? Les rapports faits chaque année par la commission d'examen pour le prix de Monseigneur, les récompenses obtenues dans diverses expositions, notamment à Paris et au Havre, les positions occupées par un grand nombre d'élèves sortis de nos écoles, tout cela dit assez à quel niveau le frère Gilles sut toujours y maintenir les études.

Lorsque ces chers enfants quittaient les classes, ils devenaient tout particulièrement les objets de ses paternelles attentions. Il ne se donnait point de repos qu'il ne les eût placés convenablement, eu égard à leurs dispositions. Ces bons jeunes gens aimaient à venir revoir leur bon père, et celui-ci, avec un tact exquis, les encourageait, levait leurs difficultés, et remettait dans la bonne voie ceux que l'inexpérience entraînait hors du devoir. Il créa, en faveur de la jeunesse, le cercle de Saint-Joseph, pieuse association dont les membres se réunissent tous les dimanches, après les offices. Là, libres de toute préoccupation dangereuse, ils trouvent, avec des récréations honnêtes, des conseils utiles et des exemples édifiants, propres à les maintenir dans la fuite du mal et dans la fidélité à leurs devoirs.

Nous ne pouvons nous étendre davantage sur les éminentes qualités de ce digne religieux. Il possédait, on peut le dire, toutes les vertus qui font le bon Frère des Ecoles chrétiennes. Son humilité, sa modestie, sa simplicité, étaient vraiment admirables, aussi bien que sa patience, sa résignation, son affabilité.

Ajoutons seulement que, par sa charitable prudence, secondée par les sympathiques attentions des diverses autorités, il a triomphé de certaines difficultés par lesquelles il a plu à la divine providence d'exercer sa constance dans la poursuite du bien qu'il avait en vue.

Tel fut le cher frère Gilles, à qui le Seigneur réservait, pour dernière épreuve, une cécité de trois mois.

Au commencement de juin dernier, à la suite d'une conférence, il se recommanda aux prières de ses Frères, en leur disant que sa vue baissait sensiblement, et que déjà même un de ses yeux était complétement éteint. Il n'en avait jusque-là parlé à personne. Cet affligeant aveu fut suivi de ferventes neuvaines, auxquelles le Seigneur n'accorda point le succès désiré.

Mandé à Paris, le cher frère Gilles se fit voir à un oculiste célèbre. Le savant praticien constata que cette privation partielle de la vue avait son principe dans le cerveau : c'était annoncer l'impossibilité de la guérison. En effet, de retour à Rouen, le malade s'aperçut que même le second de ses yeux ne distinguait plus que faiblement les objets ; et, vers la fin de juillet, le sens de la vue lui échappait complétement.

Malgré cette déplorable position, on le vit vaquer à ses occupations accoutumées et prendre part aux apprêts de la distribution des prix. Il se faisait rendre compte de tout et continuait avec le même zèle à diriger la communauté.

Toutefois, ne pouvant se dissimuler la gravité et les inconvénients de son infirmité, après deux mois de cécité, de souffrances aiguës et d'admirable patience, il demanda et obtint d'être déchargé du fardeau de la direction. A quiconque lui exprimait ses sentiments de compassion, il répondait avec douceur : « Puisque le bon Dieu me veut dans cet état, je ne puis que le vouloir aussi! » Quand on lui demandait des nouvelles de sa santé : « Elle ne me laisse rien à désirer, disait-il, et Dieu est trop bon pour moi ! »

Cependant, le 3 octobre, on s'aperçut avec effroi que les facultés intellectuelles du malade allaient s'affaiblissant, à mesure que se développait la paralysie, cause de sa cécité. Le bruit s'en répandit bientôt dans la ville, et causa une inquiétude générale. On venait de toutes parts demander de ses nouvelles. Le malade reçut même la visite de Son Eminence le Cardinal-Archevêque de Rouen, qui l'honorait de son estime.

Le 23, les symptômes qui se manifestèrent firent pressentir une fin prochaine. M. le curé voulut bien venir, en procession, apporter au malade le saint viatique. Mais la paralysie étant dès lors devenue générale, il ne fut possible d'administrer que l'Extrême-Onction. Tous les membres de la communauté fondaient en larmes et suivaient avec une douloureuse anxiété les détails de cette touchante cérémonie. Le lendemain samedi, vers cinq heures et demie du matin, les Frères se réunirent de nouveau auprès du lit du mourant pour réciter les prières des agonisants. C'était la dernière fois qu'ils voyaient leur vénéré père. A dix heures et demie, la belle âme du cher frère Gilles s'envolait dans le sein de son Dieu.

On sut promptement la perte cruelle que venait de faire la communauté de Bellefond; et dès le soir même et le lendemain, la foule se pressa autour du vénéré défunt. On ne se lassait point de contempler ce visage rayonnant d'une douce sérénité. Beaucoup pleuraient et voulaient avoir quelque chose qui lui eût appartenu.

Les obsèques du cher frère Gilles ont eu lieu le lundi 26, au milieu d'une affluence considérable.

Les membres du clergé et des diverses administrations de la ville, les notabilités du pays, un grand nombre d'anciens élèves, les enfants des classes, et une foule d'autres personnes, accompagnèrent jusqu'à sa dernière demeure la dépouille mortelle de celui qui, par sa vertu, aussi bien que par ses services, emportait les sympathiques regrets de toute la population.

Nous extrayons de la *Semaine religieuse de Rouen* les lignes suivantes, toutes à la louange du regretté défunt :

« Le zélé Directeur des Ecoles chrétiennes, si pieux, si actif, si dévoué, que tout le monde entourait d'estime et de sympathie, s'en est allé recevoir la récompense promise au fidèle serviteur. Il semble que Dieu ait voulu mettre le sceau à sa vie si généreusement et si utilement dépensée, en lui envoyant, comme suprême messagère, la souffrance. On sait comment elle éprouva cruellement le bon Frère, en s'emparant peu à peu de son être tout entier, en le brisant rapidement dans la force de l'âge, et en ne le cédant qu'à la mort.

« La mort fut une délivrance. Elle marqua pour ce vaillant ouvrier l'heure du repos, la première qu'il goûtait pleinement, après une vie de labeur incessant. C'était sa parole favorite : *Nous nous reposerons là-haut !* Ici-bas il travailla, il se dépensa, il s'usa, et, si l'on veut, il abrégea ses jours par son étonnante et infatigable activité. Heureuse prodigalité qui lui sera rendue au centuple !

« C'est en avril 1850 que le frère Gilles vint à Rouen et commença cette vie de dévouement et de bienfaits qui devait se continuer pendant dix-huit ans, pour la plus grande gloire de Dieu et le bien de la jeunesse chrétienne. On peut le dire avec raison : sa sollicitude s'étendait à tous, son âme aimante s'épanchait sur tous. Enfants, jeunes gens, parents, malheureux, affligés, malades, tous trouvaient auprès de lui aide et protection ; pour tous, il avait un conseil, un avis, une parole de consolation, une recommandation.

« Les dépositaires de l'autorité eux-mêmes, qui appréciaient comme il le méritait le dévouement du frère Gilles, accueillaient toujours avec une bienveillance marquée les demandes qu'il faisait en faveur de ses protégés. En honorant de tels hommes, le pouvoir s'honore lui-même et reçoit une large part de la reconnaissance et des bénédictions de ceux qui souffrent et que la charité sait si bien soulager.

« Nous n'avons parlé que de la vie publique du frère Gilles. Que n'aurions-nous pas à dire de sa vie privée, de sa vie comme religieux?... Ne soulevons pas le voile dout il a su toujours couvrir ses vertus : nous craindrions de blesser son humilité ; mais diverses indiscrétions nous ont révélé des mystères de mortification, comme on en lit avec étonnement et admiration dans la *Vie des Saints*, et que les saints seuls savent reproduire.

« La mort du bon frère Gilles et la cérémonie de ses funérailles ont donné lieu à la manifestation la plus touchante des sentiments de la population. On a pu voir jusqu'à quel point il était aimé et regretté de tous. L'affluénce était grande et le cortége imposant, à la suite du cercueil qui renfermait ses restes mortels. Toutes les classes de la société y étaient représentées. Le deuil était conduit par le Frère visiteur de la Normandie. Après lui, marchaient les directeurs des Frères de la Seine-Inférieure et les Frères de la ville. Les cordons du poêle étaient tenus par MM. Rolet et Nétien, adjoints au maire, M. Roger, inspecteur de l'Académie, M. Raullet, inspecteur des Ecoles primaires de l'arrondissement, M. Napoléon Gallet, président du conseil des prud'hommes et conseiller municipal.

« On remarquait dans les premiers rangs du cortége qui suivait pieusement le deuil : M. l'abbé Delahaye, vicaire général ; M. l'abbé Ansselin, pro-secrétaire de l'archevêché ; MM. les chanoines Sellier et Pénel ; M. l'archiprêtre de la métropole ; MM. les curés de Saint-Patrice, de Saint-Romain, de Saint-Vincent ; des membres de la Faculté de théologie, les supérieurs du grand et du petit séminaire ; le R. P. de Caqueray et plusieurs membres de la Compagnie de Jésus ; M. l'aumônier du Lycée, plusieurs aumôniers des communautés religieuses, et bon nombre des membres du clergé paroissial.

« Parmi les laïques, on voyait M. Cusson, secrétaire général de la mairie, des magistrats, des professeurs du Lycée ; des membres du barreau, du corps médical, des différentes administrations ; le directeur, les professeurs et les élèves-maîtres de l'Ecole Normale ; une députation des enfants de toutes les Ecoles chrétiennes ; un nombre considérable d'anciens élèves des Frères ; une députation des enfants de l'hospice envoyée spontanément par M. le directeur ; et enfin la foule considérable de personnes de toutes les classes de la société, qui avaient voulu donner au bon frère

Gilles ce dernier témoignage d'estime et de pieux souvenir.

« L'office a été célébré à Saint-Godard. Au cimetière, un ancien élève, au nom de ses camarades, a prononcé quelques paroles de reconnaissance et d'adieu au maître dévoué qui les a tant aimés pendant le cours de leurs études, qui les suivait avec une attention et une sollicitude paternelles dans le monde, et auquel ils doivent, pour la plupart, les positions qu'ils occupent.

« Le frère Gilles, comme le frère Cécilien, restera dans la mémoire de la population rouennaise. Ces dignes Frères font aimer et bénir un Institut qui a été fondé dans l'Eglise, pour le peuple et qui s'est montré toujours digne de sa belle mission. »

Voici les paroles prononcées par un ancien élève, au nom de ses condisciples :

« Les anciens élèves des Ecoles chrétiennes ne peuvent laisser se fermer la tombe qui va recouvrir la dépouille mortelle du très-cher frère Gilles, sans apporter leur témoignage de respect et de reconnaissance à celui qui, pendant dix-huit ans, a prodigué dans notre ville à des milliers d'enfants tout ce que Dieu lui avait donné de bonté et d'intelligence.

« Nous nous croyons d'autant plus obligés à lui payer ce tribut du cœur, que la mort prématurée de ce bien-aimé maître est à nos yeux le résultat du dévouement qu'il avait pour nous.

« Non content d'apporter un zèle sans bornes à nous procurer une éducation convenable, son bonheur était de nous accompagner de ses attentions toutes paternelles dans la route que chacun devait suivre au sortir de l'école. C'est ainsi que beaucoup d'entre nous lui doivent le bienfait de l'instruction et celui d'un poste honorable, fruit de la considération dont il jouissait.

« Il serait trop long d'énumérer toutes les qualités qui furent le partage de ce saint religieux, dont le souvenir vivra toujours dans le cœur de ceux qui l'ont connu. Mais l'une des vertus qu'il affectionnait le plus était la modestie. Il faisait le bien pour le bien, sans aucune vue d'intérêt personnel....

« Adieu, maître bien-aimé! Jouissez, au séjour des élus, de la récompense que vous ont méritée vos vertus.

« Pour nous, nous vous demandons de veiller encore sur nous comme vous l'avez fait avec tant de sollicitude jusqu'à vos derniers moments.

« Adieu! adieu! »

Nous terminons cette notice en vous faisant connaître quelques-uns des nobles et religieux sentiments exprimés par l'un des personnages les plus honorables de la ville de Rouen, grand ami du frère Gilles :

« Au moment de prendre la plume pour tracer ces quelques lignes en souvenir du vénérable frère Gilles, ancien directeur des Frères des Ecoles chrétiennes de Rouen, je me sens pénétré de l'émotion la plus vive pour l'homme de bien que nous venons de perdre.

« La mémoire de ce bon religieux restera toujours chère à la population rouennaise, dans les classes les plus élevées comme dans les plus humbles, chez les riches comme parmi les pauvres, près des hommes les plus éclairés et les plus instruits, comme auprès de ceux qui, par les nécessités d'un labeur quotidien, n'ont pu acquérir que les connaissances nécessaires à leurs travaux. J'en atteste ce concours immense d'amis dévoués et reconnaissants qui se pressaient, le lundi 26 octobre 1868, à la suite du cercueil qui renfermait les restes mortels de l'homme dévoué dont nous déplorons la perte. Quel consolant spectacle n'avons-nous pas eu alors sous les yeux, lorsque nous considérions cette foule empressée, composée d'éléments si divers, qui n'avait qu'un cœur, qu'une âme pour pleurer et bénir l'excellent Frère des Ecoles chrétiennes !

« Il ne s'agissait pas d'honorer un grand de la terre, un homme puissant et riche, mais un humble religieux. Le frère Gilles, en effet, n'était grand, à cette heure, que parce qu'il avait été humble pendant toute sa vie. Il était devenu puissant, parce que nos cœurs comprenaient que celui qui avait supporté avec tant de résignation, je dirai même avec tant de sérénité, une cruelle épreuve, avait conquis un grand crédit auprès de celui de qui émanent toutes les grâces. Il était riche, non des biens de ce monde qu'il faut laisser sur le bord de la tombe, en conservant seulement la responsabilité de leur possession passée, mais il était riche des vertus dont il nous a toujours donné le généreux exemple en les pratiquant avec un héroïsme tout chrétien.

« J'ai le droit, je dirai même, en consultant mon cœur, que j'ai le devoir de parler du frère Gilles, car j'ai eu le bonheur de vivre dans son intimité ; j'ai connu toute l'étendue de son cœur, les lumières de son esprit ; j'ai eu le précieux avantage de recevoir ses conseils toujours sages, toujours sincères et dévoués. Le frère Gilles savait dire la vérité et surtout la faire accepter pour le bien de tous et la plus grande gloire de Dieu.

« Chaque année, près de trois mille enfants reçoivent à Rouen les soins dévoués des bons Frères des Ecoles chrétiennes, et ce fut pendant ces dix-huit dernières années que cet enseignement populaire a été donné dans nos murs sous la direction intelligente et paternelle du cher frère Gilles. Cette tâche immense ne suffisait pourtant pas au zèle ardent du bon religieux. Ces enfants qu'il connaissait tous et qu'il aimait tendrement, ces bons Frères qu'il dirigeait avec un cœur si dévoué; non, tout cela ne suffisait pas à son ardente charité. Il était devenu le confident de tous ses anciens élèves qui aimaient à venir lui raconter leurs embarras, leurs difficultés, les premières épreuves qu'ils rencontraient sur leur chemin.

Il était pour tous comme une seconde providence !
Consolations toujours efficaces, démarches nombreuses pour trouver un emploi pour eux ou
même pour leurs bons parents si fréquemment
éprouvés ; efforts généralement heureux pour
faire réparer une injustice involontaire, ou pour
faire tomber de la main du bon riche dans
celle du pauvre des ressources indispensables.
Telles étaient, outre ses occupations ordinaires,
les surcharges qu'il imposait à son zèle toujours
actif, toujours désintéressé.

« *Je porte la paix !* Telle semblait être la devise
du frère Gilles, tant son cœur s'était identifié avec
celui du Dieu de charité et d'amour.... Quelquefois
il accompagnait le prêtre dans l'un des exercices
les plus augustes de son sacerdoce, et, penché sur
le lit du pauvre agonisant, il lui montrait le ciel,
s'efforçant ainsi de diminuer ses souffrances et de
lui cacher les douleurs qu'il allait laisser après
lui sur la terre. Mais parfois aussi, dans ce moment suprême, ses ardentes prières contribuaient
à conserver un mourant à sa famille ; je puis le
dire, Dieu m'en est témoin, je le sais par expé-
rience.

« Ces fatigues incessantes, ces émotions de
chaque jour devaient altérer rapidement la santé
de celui qui savait si bien se sacrifier tout entier.
Sans cesse il pensait aux autres, mais sans cesse
aussi il s'oubliait lui-même, laissant à Dieu le
soin de le soutenir dans ses fatigues et de lui pré-
parer un repos qu'il a si bien mérité.

« Je ne connais pas, pour l'avoir lue, la règle établie par le vénérable Jean-Baptiste de la Salle, fondateur de l'Institut des Frères des Ecoles chrétiennes, mais je la connais pour l'avoir vu pratiquer pendant dix-huit ans par le frère Gilles, à l'exemple de ses vénérables prédécesseurs, et par ses dignes coopérateurs. J'ai été dès lors pénétré plus que jamais de la haute idée du bien que peut produire une pensée profondément chrétienne inspirée à un saint homme, et pour la réalisation de laquelle Dieu, dans sa toute-puissante bonté, suscite des ouvriers d'élite et des âmes prédestinées, comme l'était celle du bon frère Gilles.

« Aug. Lévy. »

Le jour même de l'inhumation du frère Gilles, quelques anciens élèves du pieux défunt résolurent de se cotiser pour élever un monument à la mémoire de leur vénéré maître. Aussitôt que la chose fut connue, chacun voulut y contribuer, et bientôt la souscription ouverte à cette fin se couvrit de nombreuses adhésions recueillies uniquement parmi les élèves des Frères. Les enfants qui fréquentent nos classes actuellement voulurent y prendre part aussi.

Mais une difficulté se présenta tout d'abord. Il ne fut pas possible d'obtenir une concession durable dans le cimetière de Lille, où le frère Gilles avait été inhumé. On résolut alors d'acquérir un terrain au cimetière Monumental, pour y transporter ses restes mortels. Des démarches furent commencés en conséquence. Le 15 décembre, le conseil municipal, réuni sous la présidence de M. Rolet, premier adjoint, remplissant les fonctions de maire, ayant été saisi de la demande faite par les élèves, et désirant s'associer à la noble pensée de ses jeunes administrés, fit don du terrain sur lequel doit être élevé le monument projeté.

Nous prions monsieur le premier adjoint et messieurs les membres du conseil municipal de la ville de Rouen de recevoir ici, au nom des Frères et au nom des élèves, l'expression de notre profonde reconnaissance.

On put dès lors procéder à l'exhumation. Cette cérémonie eut lieu le lundi 28 décembre. Les Frères, les jeunes gens et bon nombre d'autres personnes, ainsi qu'une députation des enfants de nos écoles, se rendirent, vers neuf heures, au cimetière de Lille, où vint bientôt les rejoindre le clergé de Saint-Godard. Toutes les formalités usitées en pareille circonstance ayant été remplies, le cortége se mit en marche. Les cordons du char étaient tenus par quatre anciens élèves des Frères. Arrivés au cimetière Monumental, on se dirigea d'abord vers la chapelle, où le clergé chanta un Nocturne de l'Office des Morts, pendant qu'un prêtre célébrait la sainte Messe. Après l'absoute, on se rendit au lieu choisi pour la sépulture, et, après les dernières prières, le corps fut de nouveau rendu à la terre.

C'est là que repose, à l'ombre de la croix, le

digne et vertueux frère Gilles, regretté de ses Frères et de tous ceux qui l'ont connu. C'est là que bientôt s'élèvera le modeste monument consacré par la reconnaissance à la mémoire de l'humble religieux, du maître vénéré dont toute la vie fut un long dévouement.

Le cher frère Gilles était âgé de cinquante-quatre ans et demi, dont trente-six de communauté et vingt-neuf de profession.

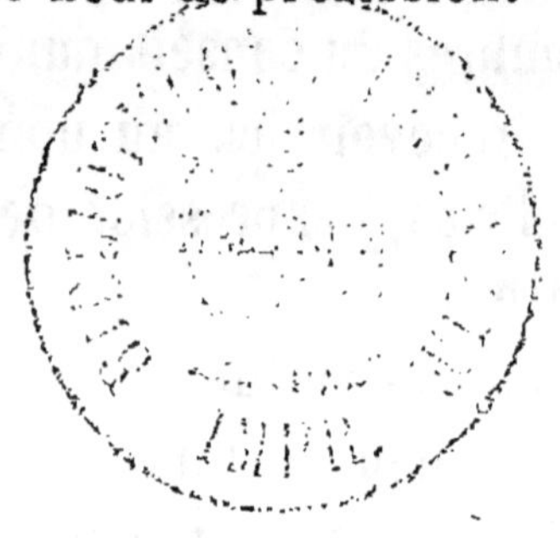

FIN.

Rouen. — Imp. MÉGARD et Ce, rue Saint-Hilaire, 136.